글 안느 소피 쉴라르
1998년부터 아스트라피 기자로 일하고 있습니다. 철학적 사고로 독자들을 이끌어 주는 '꼬마 철학자' 칼럼을 담당하고 있습니다.
또한 초등학생을 위한 철학적 대담을 열기도 하였습니다.

글 그웨나엘 불레
8세에서 13세 어린이들을 위한 잡지인 《필로테오》 편집장으로 일하고 있습니다.
그 밖에도 어린이들을 위한 그림책과 동화를 썼습니다.

그림 파스칼 르메트르
브뤼셀의 시각예술고등국립학교에서 시각디자인을 전공했습니다.
프랑스의 여러 잡지사와 언론사, 출판사에서 프리랜서 디자이너로 활동하고 있습니다.

옮김 강미란
중앙대학교에서 불문학 학사 및 석사 학위를 받았습니다.
프랑스로 건너가 보르도 3대학에서 멀티미디어를 이용한 외국인을 위한 불어 교육 석사 과정을 거쳐,
현재 ESIT(파리통번역대학원)에서 번역학을 연구하고 있습니다.

철학 카운슬러 오스카 브르니피에
철학 박사이며 유네스코에서 보고서를 쓰는 작가 가운데 한 분입니다.
세계 곳곳을 돌아다니며 어른들을 위한 철학 아틀리에를 열고 세계 어린이 철학 교육을 주도하고 계십니다.

감수 황경식
철학 박사이며 현재 서울대학교 철학과 교수로 재직 중이십니다.
미국 하버드대학교 객원연구원으로 활동하셨으며 한국철학회 회장을 역임하셨습니다.
우리나라 어린이 철학 교육이 바르게 이루어질 수 있도록 많은 애정과 관심을 갖고 활동하고 계십니다.

꼬마 철학자 ❶

안느 소피 쉴라르·그웨나엘 불레 글 | 파스칼 르메트르 그림 | 강미란 옮김 | 오스카 브르니피에 철학 카운슬러 | 황경식 감수

1판 1쇄 발행 2010년 11월 10일 **1판 8쇄 발행** 2021년 6월 30일 **펴낸이** 정중모 **펴낸곳** 톡
등록 1988년 1월 21일(제406-2000-000202호) **주소** 경기도 파주시 회동길 152
전화 031-955-0670 **팩스** 031-955-0661 **전자우편** bbchild@yolimwon.com
ISBN 978-89-6155-247-9 73100   978-89-6155-246-2(세트)

Pense pas bête ⓒ 2008 Bayard Editions Jeunesse
Korean translation copyrights ⓒ Bluebird Publishing Co., 2010
This Korean edition was published by arrangement with Bayard Editions through Sibylle Books Literary Agency, Seoul

이 책의 한국어판 저작권은 시빌에이전시를 통해 프랑스 Bayard와의 독점계약으로 파랑새 출판사에 있습니다.
저작권법에 의하여 한국 내에서 보호를 받는 저작물이므로 무단전재와 복제를 금합니다.

어린이제품안전특별법에 의한 제품 표시
제조자명 파랑새 | 제조년월 2021년 6월 | 제조국 대한민국 | 사용연령 7세 이상

안느 소피 쉴라르,
그웨나엘 불레
글

오스카
브르니피에
철학 카운슬러

꼬마 철학자 ❶

와글와글 철학학교

황경식
감수

강미란
옮김

파스칼
르메트르
그림

왜 철학을 해야 할까요?

안녕하세요, 어린이 여러분!

철학하면 무슨 생각부터 나요? 잘은 모르겠지만 무언가 매우 어려운 것이라는 생각이 들지요. 그러나 그것은 철학에 대한 잘못된 생각이에요. 우리는 모두 생각을 하며 살아요. 철학은 바로 그러한 생각에서 시작되지요. 그래서 철학은 철학자나 철학 교수들만 하는 것이 아니라 생각하는 사람이면 누구나 할 수 있어요. 마찬가지로 어린이 여러분도 얼마든지 꼬마 철학자가 될 수 있답니다.

철학은 깊고 넓은 생각이에요. 우리는 대부분 자기 위주의 생각이나 자신이 아는 것만을 생각하는 작은 생각에 익숙해요. 하지만 철학은 자신을 뛰어넘어 타인은 물론 세계와 우주로 나아가는 열린 생각이랍니다.

철학은 이유 있는 생각이에요. 그냥 기분 내키는 대로 생각하고, 좋을 대로 생각하는 것이 아니라 이유를 꼼꼼히 따져 가며 하는 생각이에요. 그래서 철학에서는 "왜?"라는 질문이 아주 중요해요. 어려서부터 "왜?"라는 질문을 하고 이유를 따져 가며 깊고 넓게 생각하는 철학을 하게 되면, 현명하고 슬기로운 어린이로 자라날 수 있답니다. 물론 공부도 잘하게 되지요.

또한, 어린이들이 꼬마 철학자가 되기 위해서는 어른들 특히, 부모님의 도움이 매우 중요하지요. 어린이와 대화할 때는 손쉬운 정답을 주기보다는 어린이들이 스스로 생각하고 그 생각을 자신의 말로 표현할 수 있도록 돕는 철학의 아버지 소크라테스를 닮아야 합니다.

《와글와글 철학학교》에는 어린이들이 현명하고 슬기롭게 자라는 데 도움이 될 보석 같은 생각과 어른들이 어린이의 생각을 도울 수 있는 자료들로 가득 차 있어요. 어린이들이 철학과 더불어 성장하는 데 더없이 좋은 길잡이가 될 것으로 확신합니다.

한국철학회 회장
황경식 철학 박사

이 책을 읽는 어른들에게

"나이는 왜 먹나요?"
"일은 왜 해야 하나요?"
"신은 정말 있나요?"

아이들은 종종 대답하기 어려운 질문들을 툭툭 던지고는 합니다.
이런 질문을 받으면 어떻게 대답해 주어야 할지 몰라 당황하기 쉽지요.
특히 부모님이나 선생님이 아이의 질문에
알맞은 답을 제시해 주어야 한다고 생각하면 더더욱 그렇지요.

하지만 아이들이 꼭 정답을 기대하며 질문을 하는 것은 아니에요.
아이들은 수시로 궁금한 것들이 생겨납니다.
질문은 그럴 때 자신의 관심을 상대방에게 전달하는 하나의 수단이 되지요.
그래서 아이의 질문 자체에 관심을 가져 주고
아이 스스로 답을 찾도록 함께해 주는 일이 정답을 알려 주는 것보다 중요하지요.

《와글와글 철학학교》에는
아이들이 궁금해하는 28가지 질문이 담겨 있습니다.
이 질문을 시작으로 아이 스스로 자유롭게 묻고 답하도록 해 주세요.
아이는 곰곰이 생각하고
또, 생각하면서 철학적 사고 능력을 키워 나갈 거예요.

이 책을 읽는 아이들에게

🟡 **나만의 정답을 만들어 봐요!**

공부를 왜 해야 하는지, 사랑이 뭔지 궁금할 때가 있어요.
이런 질문에는 여러 가지 답이 있을 수 있어요.
그래서 나만의 정답을 만들어야 내 생각대로 움직이며 세상을 행복하게 살 수 있어요.
나만의 정답을 만들려면 내 마음속에 생기는 궁금증을 그냥 스쳐 보내지 말고
곰곰이 생각해 보는 습관을 가져야 해요.

🌸 **생각하는 기술을 배워 봐요!**

상대방의 생각이 왜 틀린지 이유 들어 보기,
내 생각의 문제점 찾아보기, 상대방의 입장에서 생각해 보기 등등
생각을 잘하기 위해서는 몇 가지 기술이 필요해요.
하지만 이런 기술은 한순간에 저절로 얻어지지 않아요.
자꾸 연습을 해야 얻을 수 있지요. 하지만 걱정 마세요.
최고의 꼬마 철학자가 될 수 있게
《와글와글 철학학교》가 도와줄 거예요.

🟠 **놀이보다 재미있는 생각에 푹 빠져 봐요!**

《와글와글 철학학교》는 쉬운 글과 재미있는 그림으로 누구나 쉽게 생각에 빠져들게 해요.
생각이 얼마나 재미난 일인지 알게 하지요. 그래서 자꾸자꾸 생각하게 만들어 준답니다.

참, 이 책을 읽을 때는 이 책에만 집중하세요.
그래야 재미있는 생각의 세계로 푹 빠질 수 있답니다.

차례

부끄러움이 뭘까?	9
아름다움이 뭘까?	13
두려움은 왜 생기는 걸까?	17
우리는 왜 나이를 먹을까?	23
왜 바보 같은 짓을 할까?	27
사랑한다는 건 뭘까?	31
성공이 뭘까?	35
모든 걸 다 말할 수 있을까?	39
우리는 왜 나쁜 행동을 하는 걸까?	43
용감하다는 건 뭘까?	47
항상 시키는 대로 해야 할까?	51
똑똑하다는 건 뭘까?	55
일을 하고 공부를 하는 이유는 뭘까?	59
어른들은 왜 아기를 가질까?	63

자유롭다는 게 뭘까?	67
게으름을 피워도 될까?	71
신은 정말 있는 걸까?	75
리더는 꼭 있어야 할까?	79
마음과 생각은 같이 움직일까?	83
질투는 왜 하는 걸까?	87
왜 사는 걸까?	91
왜 자꾸 욕심이 나는 걸까?	95
항상 착하고 친절해야 할까?	99
항상 웃어야 할까?	103
어떻게 생긴 게 예쁜 걸까?	107
사실인지 아닌지 어떻게 알까?	111
규칙은 누가 정할까?	115
실수를 하면 정말 큰일 날까?	119

나랑 닮은 철학자는 누구일까? … 123

왜 사람만
철학학교에 갈 수 있지?
너무 불공평해!

부끄러움이 뭘까?

여러 종류의 부끄러움이 있어요.

다른 사람에게 보이고 싶지 않고, 들키고 싶지 않은 것들이 있어요.
이런 것들을 다른 사람이 보거나 알게 되면 부끄러움을 느껴요.

운동 경기를 하거나 시험을 봤을 때 남들보다 못한 적이 있나요?
그럴 때는 남들보다 못하는 내 자신이 부끄럽기도 해요.

위험한 장난을 치면 기분이 어떤가요? 내 잘못을 알게 되면 부끄러워져요.

숨기고 싶은 비밀을 들켰을 때, 부끄러움을 느껴요.

부끄러우면 꼭꼭 숨어 버리고 싶어.

홀딱 벗은 느낌이야.

부끄러움이 뭘까?

사람들이 내 단점을 알게 되면 날 비웃고 놀릴 거야.

친구들의 말처럼 난 정말 못생겼을까?

누구나 자기 생각을 표현할 권리가 있어! 이제는 내 생각을 당당히 말할 거야.

모두, 그만해! 괜한 생각으로 자신을 괴롭히지 마!

스스로 만족하지 못하면 부끄러움을 느껴요.
누가 나를 보고 있지 않아도 말이에요.

내가 한 행동이나 말이 후회스러울 때가 있어요.
마치 내 안에 있는 누군가가
"세상에! 너는 부끄럽지도 않니?"라고 말하는 것 같아요.
자기 스스로 옳고 그름을 판단하는 거예요.
마음속의 작은 목소리에 귀 기울여 보세요.
후회할 만한 행동과 말을 하지 않게 도와줄 거예요.

아름다워!

뭐야, 너무 형편없잖아!

무슨 소리야? 정말 아름다운 그림인걸!

너는 아름답지 않아!

아니야! 나는 아름다워!

아름다움이 뭘까?

아름다움의 기준은 상황마다 달라져요.

사람들은 서로 다른 곳에서 서로 다르게 살아가요.
그래서 아름답다고 느끼는 것도 사람마다 다르지요.

아름다움의 기준은 시대와 유행에 따라 달라요.
어느 시대에는 아름답게 여겨졌던 것이 다른 시대에는 그렇지 않을 수 있어요.

아름다움의 기준은 나라와 문화에 따라 달라요.
어떤 나라에서는 아름답다고 말하는 것이 다른 나라에서는 그렇지 않을 수 있어요.

두려움은 왜 생기는 걸까?

여러 종류의 두려움이 있어요.

3 위험으로부터 우리를 보호해 주는 두려움이 있어요.

또, 우리의 상상력이 만들어 내는 두려움도 있지요.

4 우리를 긴장하게 만드는 두려움이 있어요.

또, 특별한 상황이나 사물에게서 느끼는 두려움도 있어요.

5 혼자 이겨 낼 수 있는 두려움이 있어요.

하지만 두려움을 이기기 위해 도움이 필요할 때도 있어요.

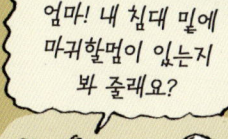

두려움은 왜 생기는 걸까?

두려움은 우리에게 방해가 될까요?

우리의 생활을 방해하는 두려움이 있어요.
이런 두려움은 자동차를 멈추게 하는 브레이크처럼
우리가 정상적으로 생활하지 못하도록 만들지요.

더는 말을 걸 수도 없을 만큼 다른 사람들이 두려울 때,
더는 크고 싶지 않을 정도로 미래가 두려울 때,
더는 학교에 가고 싶지 않을 만큼 학교가 두려울 때가 그래요.

아니면…… 도움이 될까요?

우리를 도와주는
고마운 두려움도 있어요.

두려움은 왜 생기는 걸까?

두려움을
느끼지 않으면 좋겠다고
생각할 때가 있어요.
하지만 시합을 앞두고 지는 걸
두려워하지 않는다면 어떨까요?
열심히 연습하지 않을 거예요.

또, 죽는 걸 두려워하지 않는다면 어떨까요?
즐겁게 살 수 있을까요?

"할아버지! 우리는 왜 나이를 먹어요?"

"뭐라고? 더 크게 말해 봐라. 하나도 안 들려."

"그러니까…… 할아버지!"

우리는 왜 나이를 먹을까?

"알았다, 알았어! 오줌이 마렵다고?"

"할 수 없지. 할머니께 여쭤 봐야겠다."

누구나 나이를 먹어요.

우리는 모두 태어나서 자라고, 나이를 먹고, 언젠가 죽어요.
사람이면 누구나 겪는 자연스러운 일이지요.

할머니! 우리는 왜 나이를 먹어요?

말하자면 길단다.
할머니 아기 때 사진이구나. 80년 전이지. 어렸을 때부터 우리는 이미 나이를 먹기 시작한단다.

이분은 할머니 언니, 제르멘이야. 언니한테 나는 늘 어린 꼬마였지.

우리 고양이 뿌뿌와 찍은 사진이네. 뿌뿌는 우리보다 훨씬 빨리 나이를 먹었지.

할머니 결혼사진이구나. 참 예쁜 부부지?
네! 하지만 지금도 예쁘세요!

할머니는 네 명의 아이를 낳았단다. 이건 할머니 친구들과 찍은 사진이야. 먼저 하늘나라로 간 친구들도 있단다.

그리고 시간이 흘러 할머니가 낳은 아이들이 부모가 되지. 이렇게 삶은 계속된단다.

여기 있는 작은 여자아이가 엄마예요?

그래, 바로 너의 엄마란다. 그리고 이 사진 속의 어린아이가 바로 너야!

나이를 먹는 것이 즐겁지만은 않아요.

나이를 먹으면 좋은 점도 많아요!

왜
바보 같은 짓을
할까?

가만두지
않을 거야!
거기 서!

① 나도 모르게 바보같이 실수를 해요.

② 재미로 바보 같은 장난을 칠 수도 있어요.

③ 잘 몰라서 바보 같은 짓을 할 때도 있어요.

우리는 실수를 하면서 배워요.
그래서 실수할 수 있지요.

자기만 생각하면 바보같이 큰 실수를 할 수 있어요.

왜 바보 같은 짓을 할까?

다른 사람을 생각하지 않고
내 마음대로 하면, 아주 큰 사고를 당할 수 있어요.

 하지만 바보 같은 짓이
세상을 좋게 만들기도 해요.

1903년 세계 최초의 비행기

바보 같은 짓으로 보이는 일이
대단한 발명품을 만들어 내기도 하지요.

왜 바보 같은 짓을 할까?

어른들의 생각
어른들은 어떤 것이 바보 같은 짓이고, 그렇지 않은지 우리에게 알려 주면서 우리가 잘 자랄 수 있게 도와줘요.

법과 규칙
나라에는 법이 있고 학교에는 규칙이 있어요. 법이나 규칙을 지키지 않으면 벌을 받아요.

바보 같은 짓이라고 결론을 내릴 수 있는 것은 무엇일까요?

친구들의 생각
바보 같은 짓을 하지 않게 친구들이 도와주기도 해요.

나 자신의 생각
우리는 자라면서 스스로에게 질문하고, 행동으로 옮기기 전에 한 번 더 생각하는 법을 배워요. 그래서 바보 같은 짓을 하지 않게 되지요.

하지만 친구들이 오히려 바보 같은 짓을 하게 만들기도 하지요.

사랑한다는 건 뭘까?

누구나 사랑에 대해 말해요.
사랑을 꿈꾸기도 하고, 사랑을 두려워하기도 하지요.
사랑은 모험이에요.
행복으로 가득하지만 어려움도 많지요.
우리 자신을 발견할 수 있게 도와주고,
우리의 한계를 극복하게 해 주는 모험이지요!

사랑이란?

어릴 때부터 우리는
가족과 친구들에게 사랑을 느껴요.

그리고 어느 날, 새로운 감정이 생겨나요.
한 남자아이에게, 한 여자아이에게
사랑을 느끼는 거예요.
마음속에 무언가가 꿈틀꿈틀하고
뭐라고 설명할 수 없는 그런 기분 말이에요.

이런 사랑의 감정에 대해 조금씩 알아 가면서,
진짜 사랑을 만나게 되지요.
늘 함께하고 싶은 그런 사랑을 말이에요.

사랑을 하면

행복하기도 하고, 불행하기도 해요.

넌 사랑을 하고 싶니?

사랑을 하면 어떻게 될까요?

성공이 뭘까?

내가 생각하는 '성공'은?

내가 생각하는 곳에 표시해 보세요.

- ☐ 직업을 갖는다.
- ☐ 친구를 사귄다.
- ☐ 유명해진다.
- ☐ 재미있게 논다.
- ☐ 언제나 하고 싶은 대로 한다.
- ☐ 돈을 많이 번다.
- ☐ 결혼을 한다.
- ☐ 공부를 잘해 좋은 학교에 들어간다.
- ☐ 세계 일주를 한다.
- ☐ 기타 _____

- ☐ 한 분야의 일인자가 된다.
- ☐ 다른 사람들을 돕는다.
- ☐ 자신 있게 산다.
- ☐ 아이를 갖는다.
- ☐ 꿈을 이룬다.
- ☐ 내가 원하는 일을 하며 산다.
- ☐ 행복해진다.
- ☐ 부모님처럼 된다.
- ☐ 여러 사람을 만난다.

성공이 뭘까?

성공이 뭘까요?

1. 사람마다 성공하고 싶은 것이 달라요.

   - 내가 좋아하는 일이 내 직업이 되었어!
   - 드디어 아이를 가졌어!
   - 세계 일주에 성공했어!
   - 난 행복해! 내 꿈을 이루었거든!

2. 모든 일에 성공할 수는 없어요.

   - 하지만 어려움이 있기 때문에 우리가 발전할 수 있는 게 아닐까?

3. 우리는 자라면서 내가 하고 싶은 게 무엇인지 알게 되지요.

4. 나이와 상관없이 언제든 성공할 수 있어요.

성공했다, 못 했다를 판단할 수 있는 사람은 누굴까요?

부모님은 아니에요.

친구도 아니에요.

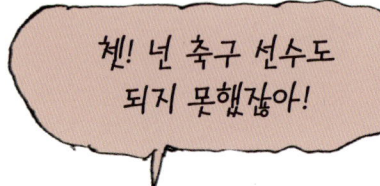

선생님도 아니에요.

우리 사회도 아니랍니다.

우리에게 도움을 주고 용기를 주는 고마운 사람들이 있어요.
하지만 무엇이 가장 중요한지를 알 수 있는 사람은 바로 나 자신이에요.

그러니까
성공을 했고, 못 했고는
나 자신만이 알 수 있답니다!

모든 걸 다 말할 수 있을까?

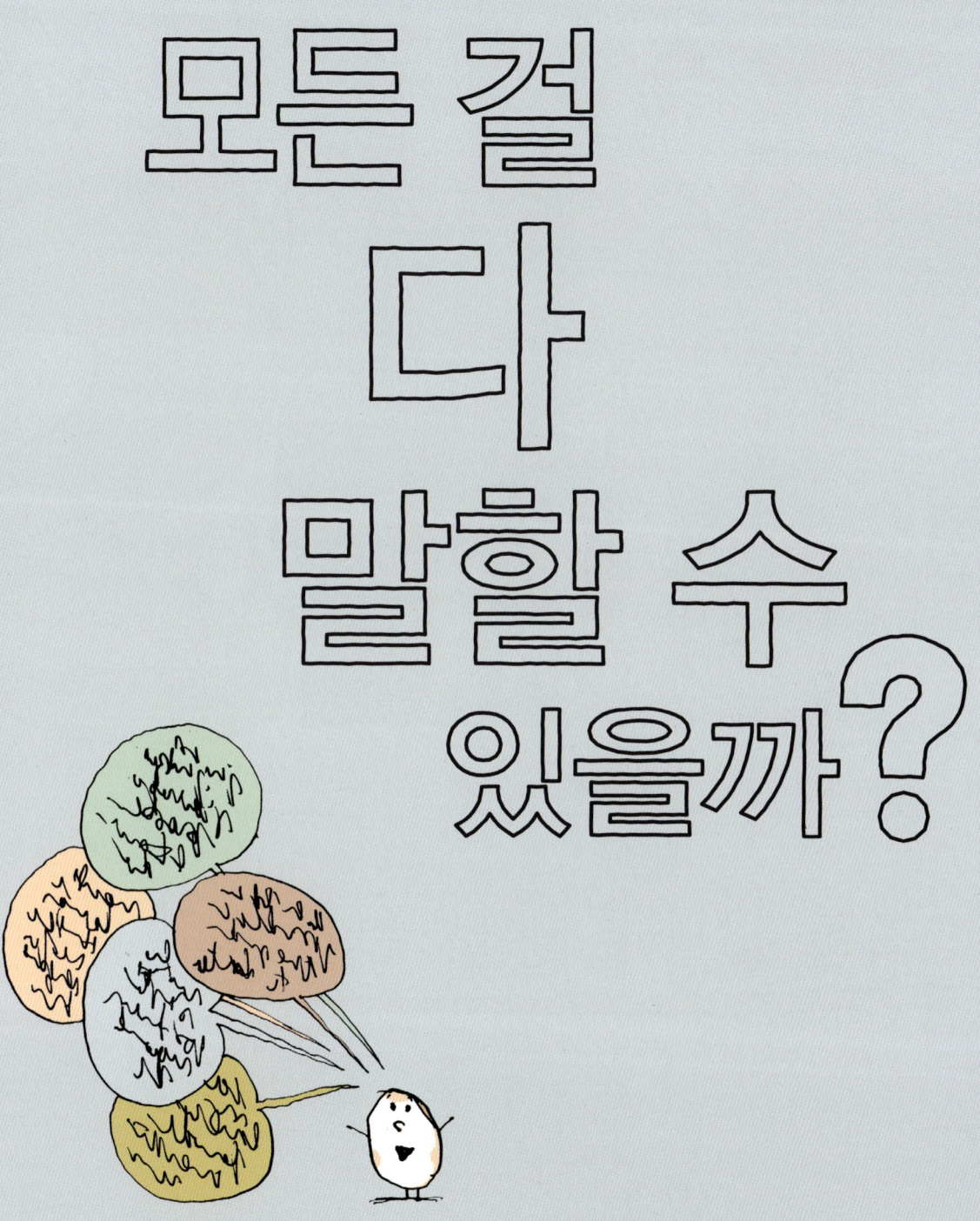

모든 걸 다 말할 수 있을까?

우리는 민주주의 사회에 살아! 그러니까 우리가 생각하는 것을 모두 말할 수 있는 권리가 있어!

늘 솔직해야 해! 항상 진실을 말해야 하지.

싸우지 않고 대화로도 얼마든지 문제를 해결할 수 있어!

심각한 일이 생겼을 때는 말을 해야 해!

말을 하면 마음도 편해져!

쿨쿨 우리가 하는 말은 그저 말일 뿐이야!

모든 걸 다 말할 수 있어!

모든 걸 다 말할 수 있어. 하지만 말은 한계가 있어.

모든 걸 다 말할 수 있을까?

모든 걸 다 말할 수는 없어. 다른 사람들에게 상처를 주는 말도 있거든.

인종 차별을 불러일으키는 말을 못하도록 법으로 금지해 놓은 나라도 있어.

친구의 비밀을 다른 사람한테 말하면 안 돼!

쉿!

거짓말을 하면 안 돼.

말을 잘못하면 벌을 받을 수도 있어.

진실이 싸움을 일으킬 수도 있어.

욕을 하는 건 예의에 어긋나.

모든 걸 다 말할 수는 없어!

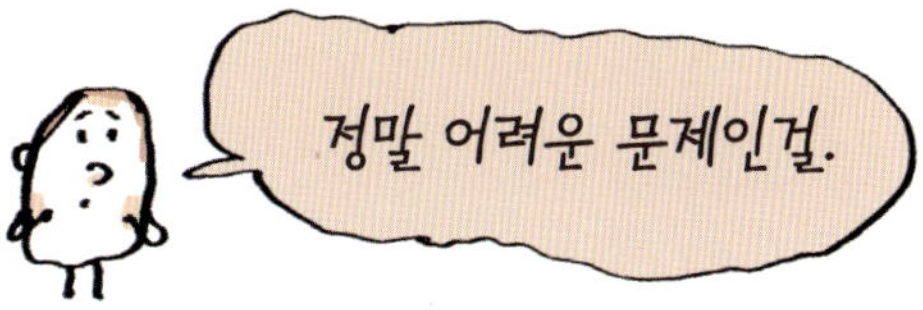

정말 어려운 문제인걸.

나라면 어떻게 할까요?

세 가지의 이야기를 읽고 내가 생각하는 결말을 골라 보세요.

- ☐ "에잇! 난 이 따위 시에는 관심 없어요!"라며 소리를 지른다.
- ☐ 시를 다 외웠지만 친구들 앞에서 하려니까 겁이 났다고 선생님께 말씀 드린다.
- ☐ 아무 말도 하지 않고 쉬는 시간에 구석에서 운다.

- ☐ 친구의 기분이 상하지 않게 "음, 멋있어!"라고 말한다.
- ☐ "아니, 너무 우스꽝스러워!"라고 말한다.
- ☐ "난 별로지만 각자 자기 취향이 있는 거니까, 뭐!"라고 말한다.

- ☐ 절대 말하지 않겠다고 약속했기 때문에 아무에게도 말하지 않는다.
- ☐ 믿을 수 있는 사람에게 사실을 말하고 도움을 받으라고 친구에게 말한다.
- ☐ 친구를 도와주기 위해 다른 어른에게 그 비밀을 말한다.

한번 입 밖으로 나온 말은 절대 사라지지 않아요!

말은 사람을 웃길 수도 있고, 달래 줄 수도 있고, 놀라게 할 수도 있고, 상처를 줄 수도 있어요.
그냥 수다를 떨 수도 있지만, 일단 말을 하게 되면 그 말은 상대방의 가슴에 남아요.
그래서 말을 하기 전에는 깊이 생각해야 하지요.

우리는 왜 나쁜 행동을 하는 걸까?

1

우리는 때에 따라 착하게 행동할 수도 있고,
나쁘게 행동할 수도 있어요.

2

자기 자신의 불행 때문에
나쁘게 행동할 때도 있어요.

3

나에게 나쁜 짓을 한 사람에게
나쁘게 행동할 수 있어요.
이런 나쁜 마음은 오래갈 수도 있어요.

4

싫은 사람을 괴롭히려고
일부러 나쁘게 행동할 때도 있어요.

5

다른 사람을 놀래 주려고
나쁜 척할 때도 있어요.
나쁜 마음이 없으면서도 말이에요.

6

나쁘게 행동하고 싶지만
어쩔 수 없이 착하게 행동해야 할 때도 있어요.
내 진짜 마음을 꼭꼭 숨기고 말이에요.

우리는 왜 나쁜 행동을 하는 걸까?

7

나쁘다는 말을 들을 수 있어요.
하지만 내가 정말 나쁜지 아닌지는
내가 한 일에 대해 깊이 생각해 봐야
알 수 있어요.

8

자꾸 나쁘게 굴면
언젠가는 혼자가 될지도 몰라요.

일부러 한 나쁜 행동

일부러 말이나 행동을
나쁘게 하는 사람이 있어요.
그런 사람을 '나쁜 사람'이라고 해요.

모르고 한 나쁜 행동

일부러 하지 않았어도
나쁜 말이나 행동을 했다면
그런 사람도 '나쁜 사람'이라고 해요.

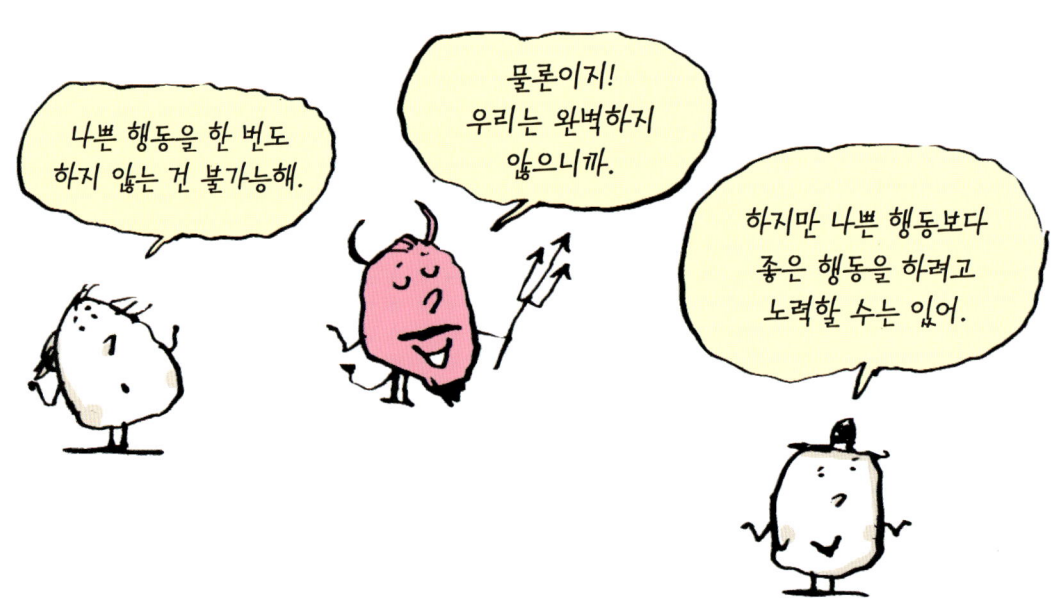

나쁜 행동을 한 번도
하지 않는 건 불가능해.

물론이지!
우리는 완벽하지
않으니까.

하지만 나쁜 행동보다
좋은 행동을 하려고
노력할 수는 있어.

용감하다는 건 뭘까?

하하! 나는 하나도 무섭지 않아!

와, 정말 용감하다! 무서운 게 없나 봐!

나도 저 사람 같으면 좋겠어.

쳇, 슈퍼맨 같은 영웅은 없어!

사실은 말이야, 누구든지 뭔가를 두려워하거든!

그건 그래.

용기는 왜 필요할까요?

모든 일에 겁을 내면 내가 하고 싶은 일을 못할 수 있어요.
그래서 겁을 이겨 낼 수 있는 용기가 필요하지요.

용감하다는 건 뭘까?

정말 재미있는걸!
겁이 많아도
용감해질 수 있잖아!

항상 시키는 대로 해야 할까?

항상 시키는 대로 해야 할까요?

 **물론이지!** 어린이들은 부모님의 말씀을 잘 따라야 해.
부모님은 어떤 게 좋고 나쁜지를 잘 알고 계시지.
또, 우리를 책임지고 우리가 잘 자라게 도와주셔.

아니! 옳지 않다고 느꼈을 때는 남이 시키는 대로 해서는 안 돼!
나 스스로 '나는 그렇게 할 수 없어!'라는 생각을 해야 해.

물론이지! 어른들의 말을 듣지 않으면 벌을 받을 수 있어.
하지만 어른들이 모든 걸 알 수는 없어. 또 실수도 하지.
그래서 가끔은 옳지 못한 일을 시킬 때도 있어.

아니! 믿을 수 없는 사람의 말을 따르면 안 돼.
어른이라고 해서 무조건 믿을 수 있는 건 아니야.
믿을 수 없는 어른은 나보다 힘도 세고 나에게 나쁜 짓을 할 수도 있어.

물론이지! 규칙은 항상 지켜야 해. 그렇지 않으면 법에 따라 벌을 받아.
법이 없으면, 사람들은 함께 살아갈 수 없을지도 몰라.

아니! 항상 시키는 대로 할 필요는 없어.
상대방과 내 생각이 다를 때는 솔직하게 내 생각을 말해도 괜찮아.
혼이 날 수도 있지만 솔직히 말하는 게 중요해.

행복하게 잘 살려면 아이와 어른 모두가 법과 규칙을 잘 지켜야 해요.

시키는 대로 하는 것이 '생각하기를 그만둔다'는 뜻은 아니에요.
그렇게 해야 옳다고 생각하기 때문에 따르는 것이지요.
법이나 규칙이 올바르지 않을 때는
여러 사람들과 의논하여 바르게 고쳐 나가야 해요.

똑똑하다는 건 뭘까?

사람은 똑똑해.
생각하고, 말하고,
새로운 걸 만들어 내고…….

치! 그뿐인가?
나한테 공도 던지잖아!

얼마나 똑똑한지 잴 수 있을까요?

 얼마나 똑똑한지를 잰다는 것은 거의 불가능해.

똑똑해도 모르는 게 있어요.

모든 걸 다 알 수는 없어.
그렇다고 해서 똑똑하지 않은 건 아니야.

노력하면 똑똑해져요!

 아이뿐만 아니라 어른도 공부하고 연습하면 똑똑해질 수 있어.

똑똑해도 실수할 수 있어요.

 실수는 누구나 할 수 있어.
하지만 똑똑한 사람은 실수를 성공의 디딤돌로 만들지.

똑똑한 사람이 다른 사람보다 더 나을까요?

똑똑한 것이 중요하게 여겨지곤 해.
하지만 똑똑한 것보다 더 중요한 것들도 많아.

여러 종류의 똑똑한 사람이 있어요.

사람의 마음을 잘 아는 사람도 똑똑해요.

운동을 잘하는 사람도 똑똑하지요.

논리적인 사람도 똑똑하고요.

상상력이 뛰어난 사람도 똑똑해요.

그림을 잘 그리는 사람도 똑똑하지요.

감정이 풍부한 사람도 똑똑해요.

새로운 것을 생각해 내는 사람도 똑똑해요.

말 잘하고, 글을 잘 쓰는 사람도 똑똑하지요.

일을 하고 공부를 하는 이유는 뭘까?

일을 하고 공부를 하는 것이 즐겁지만은 않아요.

그렇다면 왜 일을 하고 공부를 할까요?

어른이 되면 일을 해서 돈을 벌어야 해요.
그래야 생활에 필요한 물건을 살 수 있어요.

공부를 하면 칭찬을 받아요.
그럼 기분이 좋아져요.

일을 하는 건 사회에 내 자리가 있다는 거예요.
그럼 마음이 편해지지요.

공부를 하지 않으면,
사람들이 나쁘게 생각해요.

일을 하면 시간을 알차게 보낼 수 있고,
여러 사람들을 만날 수도 있어요.

공부를 하면서
큰 기쁨을 느낄 수 있어요.

일을 하고 공부를 하는 이유는 뭘까?

사람마다 하고
싶은 일이 달라요.
즐겁게 일하기 위해서는
내가 하고 싶고 잘할 수 있는
일을 해야 하지요.

넌 무슨 일을
하고 싶니?

어른들은 왜 아기를 가질까?

아기를 갖는 이유는 여러 가지예요.

엄마와 아빠가 사랑을 하면
아기를 가질 수 있어요.

아기는 가족 모두에게
큰 기쁨을 안겨 주어요.

남자와 여자가 서로 사랑하게 되면
두 사람을 꼭 닮은 아기를 갖고 싶은 마음이 생겨요.

동물처럼 사람도 아기를 낳으려는
본능을 가지고 있어요.

남들처럼 평범하게 살고 싶어
아기를 낳는 사람도 있어요.

어른들은 왜 아기를 가질까?

부모는 자식이 자신의 삶에
도움을 줄 거라고 생각해요.

부모는 자신이 이루지 못한 꿈을
자식이 대신 이루어 주기를 바라요.

사람은 언젠가 자신이 죽는다는 걸 알아요.
그래서 자신의 흔적을 남기기 위해 아기를 가져요.

아기를 갖는 것은 가족과 나라,
세계의 미래에 참여하는 일이에요.

삶의 즐거움을 알려 주려고
아기를 가질 수도 있어요.

아기는 정말 놀라워요!

아기를 갖는 건 우리가 상상했던 것과 많이 다를 수 있어요.
부모는 아기가 자라는 모습을 보며 매일 놀라며 기뻐하지요.
혹시 이런 이유 때문에 어른들이 아기를 갖는 게 아닐까요?

어른들은 왜 아기를 가질까?

부모에게 아기는 놀라움 그 자체야!

깜짝 선물

자유롭다는 게 뭘까?

자유롭다고? 그런 건 존재하지 않아! 나를 봐.
밤에는 텔레비전을 볼 수 없고, 늘 학교 공부를 열심히 해야 해.
혼자서 영화관에 갈 수도 없고, 강아지를 키울 수도 없어.
아무 때나 오락을 할 수도 없고, 언제나 방을 깨끗하게 정리해야 해.
수업 시간에 짝꿍과 수다를 떨 수도 없고,
동생을 때려서도 안 되고, 피아노 학원을 그만둘 수도 없어.
내가 원하는 옷을 다 살 수도 없다고……

늘 자유로울 수는 없어.

나라에는 법이 있고 학교에는 규칙이 있어요. 법과 규칙을 어기면 벌을 받아요.

도덕적인 규칙도 있어요. 그 규칙을 지키지 않으면 마음이 불편해요.

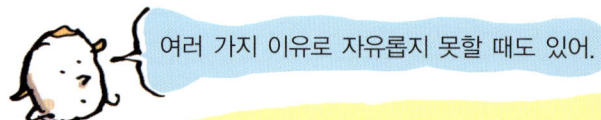

몸과 마음이 따로 움직일 때가 있어요. 그래서 내 마음대로 하기 힘들어요.

다른 사람들 때문에 내 마음대로 하기 힘들 때가 있어요.

하지만……

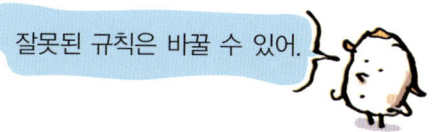

하지만 규칙을 바꿀 수 있는 자유가 있어요.

하지만 내 생각을 솔직하게 말할 자유가 있어요.

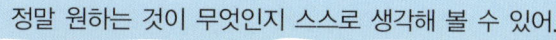

이럴 때는 나에게 정말 좋은 것이 무엇인지 생각해 볼 필요가 있어요.

하지만 내 생각대로 당당히 해 보는 것도 필요하지요.

선택하고 결정하며 자유를 배워요.

우리는 하루에도 몇 번씩 선택하고 결정해야 하는 일들을 만나요.
이런 일들을 하나씩 해결해 가는 법을 배우며
자유를 점점 잘 사용할 수 있게 되지요.

자유롭다는 게 뭘까?

게으름을 피워도 될까?

게으르면 안 좋은 소리를 들어요.

게으른 사람은 시간을 낭비하는 것처럼 보여요.

게으른 사람은 아무것도 하지 않는 것처럼 보여요.

게으른 사람은 노력을 하지 않는 것처럼 보여요.

게으른 사람은 할 수 있는 걸 일부러 안 하는 것처럼 보여요.

게으르지 않아도 게을러 보일 때가 있어요.

우리는 게으른 사람들을 싫어해요.
하지만 다른 이유 때문에 게을러 보일 수도 있지요.

게으름을 피워도 될까?

하기 싫어!
못할 것 같아. 두려워!

너무 어려워!
잘 모르겠어.

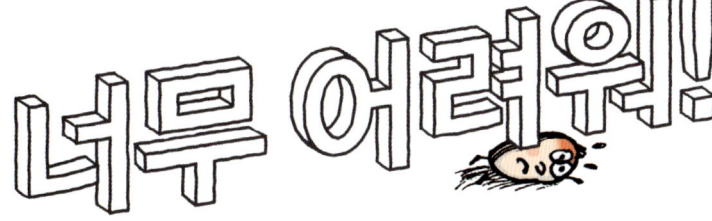
다른 걸 생각할 시간이 없어.
남들이 하라는 대로 하기 싫어!

너무 서두를 필요 없어.

왜 해야 하는지 모르겠어.

너무 피곤해.

우리는 아주 바쁘게 돌아가는 세상 속에 살고 있어요.
일분일초가 아주 중요하지요.
하지만 때로는 아무것도 하지 않는 것이 필요해요.

가끔은 게으름을 피워도 괜찮아요.

누구나 자기만의 시간이 필요해요.
아무것도 하지 않고 나 자신을 돌아볼 수 있는 시간 말이에요.

신은 정말 있는 걸까?

신을 믿는 사람이 있어요.

사람들은 눈에 보이지 않지만 강한 힘을 가진 신이 있다고 믿어요.

신을 믿는 사람들은 자기 안에 있는 어떤 힘을 느껴요.
말로 설명할 수 없지만 분명하게 느끼지요. 그들은 그 힘이 신에게서 왔다고 생각해요.

신은 사람들이 하나가 될 수 있게 만들어 줘요.
한 집안의 아버지처럼 말이에요.

신을 믿는 사람들은 모든 질문의 답을 신에게서 찾아요.
신은 그들이 살아가는 이유가 되지요.

신을 믿지 않는 사람이 있어요.

신에게서 해답을 찾지 못하는 사람들도 있어요.

확실한 증거가 없으면 믿지 못하는 사람들도 있어요.

신이 있는지 없는지 관심조차 없는 사람들도 있어요.
지금 생활에 아주 만족하기 때문이지요.

설명할 수 없는 일들을 설명하려고
사람이 신을 만들어 냈다고 생각하는 사람들도 있어요.

신이 있다고 믿나요?

신은 정말 있는 걸까?

신은 우리를 늘 따라다니며
행복하게 해 주는
별과 같아.

정말 신이 있다면,
아픈 사람들을 벌써
낫게 해 주었을 거야.

기도하는 건
신에게 말하는 것과 같아.

난 뭔가를 믿기는 하는데,
그게 뭔지는 잘 모르겠어.

나한테 무슨 일이 생기면,
신이 날 도와줄 거야.

신이 날 만든 게 아니라,
우리 엄마가 날 낳았어.

신이 있는지 없는지 아무도 몰라요.
그래서 어떤 사람은 신을 믿고, 어떤 사람은 신을 믿지 않아요.
신이 있다고 믿나요, 아니면 없다고 믿나요?
왜 그렇게 생각하는지 이유도 함께 말해 보세요.

리더는 꼭 있어야 할까?

리더가 왜 필요할까요?

모두가 자기 마음대로 연주하면 아름다운 소리를 낼 수 없어요.

지휘자가 있으면 서로 협력해서 아름다운 소리를 낼 수 있어요.

모두가 동시에 자기 의견을 말하면 아무도 자기 의견을 제대로 전달할 수 없어요.

한 반의 대표가 친구들의 의견을 모아요. 그리고 그 의견이 잘 전달될 수 있도록 노력하지요.

리더는 꼭 있어야 할까?

어떻게 할지 몰라
우왕좌왕할 때가 있어요.

그럴 때 선장이
해결책을 찾지요.

가끔은 나 혼자가 아니라는
사실을 잊어요.

여럿이 함께 살려면 규칙을 지켜야 해요.
리더는 우리가 규칙을 잘 지키게 만들어요.

리더가
되는 것도
힘들어!

리더는 어떻게 될까요?

투표로 리더가 돼요.

내 생각과 상관없이
리더가 되기도 해요.

리더 자리를 물려받아요.

힘이 세서
리더가 되기도 해요.

사람들이 잘 따르면
리더가 돼요.

여러 사람이 함께 살아가려면 리더가 필요해요.
하지만 나쁜 리더도 있어요.
그래서 리더를 뽑을 때는 잘 생각해서 뽑아야 해요.

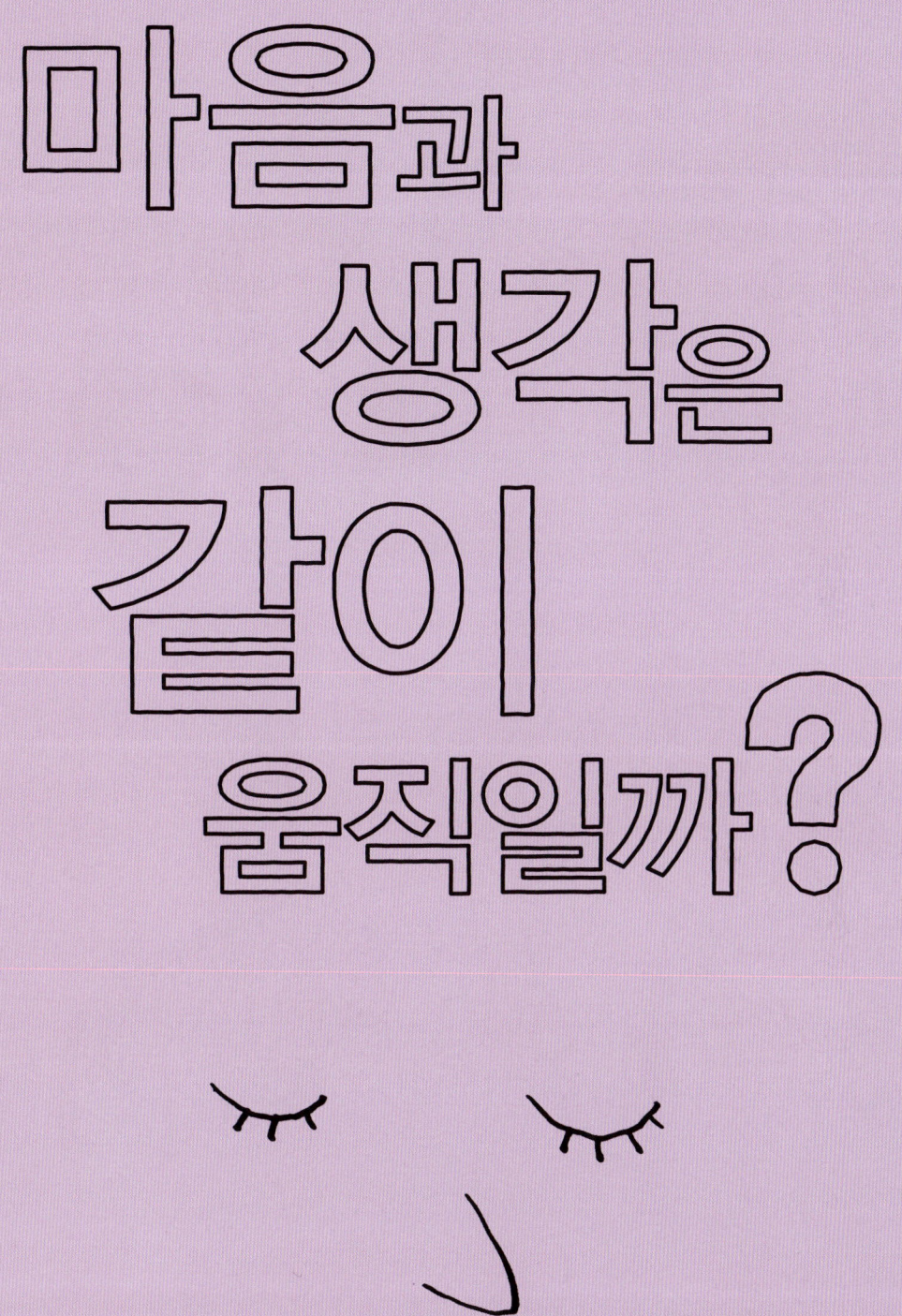

마음과 생각이 따로 움직일 때가 있어요.

누구나 자기 마음대로 생각할 수 있다고 믿어요.
내가 무슨 생각을 하는지 아무도 알 수 없으니까요.
하지만 그렇지 못할 때도 있어요.

친구들과 같이 지내다 보면,
나도 모르게 사실과 상관없이 그 친구들과
같은 생각을 하게 되지요.

갑자기 많은 생각이 떠오를 때가 있어요.
이럴 때는 내 생각을 조절하기 힘들어요.

예의 바르게 행동해야 한다고 배워요.
그래서 내 진짜 마음과는 상관없는 생각을
하게 될 때도 있어요.

내 상상력이 말도 안 되는 생각을 하게 해요.

좋아하거나 부러워하는 마음이 생각에 영향을 주기도 해요.
그래서 그 사람의 진짜 모습을 보지 못하게 방해하지요.

내 마음대로 생각하기는 힘들어. 물론 처음에 든 생각에만 집중하면 다른 생각이 끼어들 틈이 없겠지만 말이야.

나의 진짜 마음과 다르게 생각한 적이 있었나요? 언제 그랬는지 말해 보세요.

나 스스로 이렇게 다른 생각을 할 수 있다니, 정말 놀라워!

질투는 왜 하는 걸까?

 질투는 다른 사람과 나를 비교할 때 생겨.
내게 없는 게 다른 사람한테 있으면 샘이 나지.
이런 감정은 우리 마음을 아프게 해.

질투는 언제 생길까요?

똑같이 사랑을 받고 싶을 때 질투가 나요.

엄마 아빠가
형이나 동생을
더 사랑하는 것처럼
보일 때가 있어.
그럴 때 질투가 나지.
사랑을 나누는 게
힘든 거야.

다른 사람이 갖고 있는 걸 나도 갖고 싶을 때 질투가 나요.

나에게 없는 걸
누가 갖고 있으면
부러운 마음이 생겨.
내가 가진 것에
만족하지 못하기
때문이야.

질투를 하면?

내 자신이 하찮게 느껴져.
아무도 날 사랑하지 않는 것 같고,
세상에 나 홀로 버려진 것 같고,
정말 마음이 아파.

가끔 못된 짓을 하기도 해.

질투를 하지 않으려면?

 질투가 날 수도 있어.
하지만 친구에게 관심을 갖고,
그 친구와 나를 비교하지 않으면 행복해질 수 있어.

왜 사는 걸까?

살아 있는 모든 것은 언젠가는 죽어요.

지구에는 여러 종류의 동식물과 사람이 살아요.
하지만 모두 때가 되면 죽지요.

사람은 자기가 죽는다는 사실을 아는 유일한 존재예요.
하지만 죽음을 받아들이기는 힘들지요.

죽음이란 뭘까요?

아주 옛날부터 사람들은 죽음에 대해 궁금해했어요.

왜 사는 걸까?

왜 사는 걸까요?

사람마다 삶과 죽음에 대한 생각이 달라요.
하지만 모두 내가 왜 살아야 하는지 그 이유를 찾기 위해 노력하지요.

왜 자꾸 욕심이 나는 걸까?

더 강해지고 싶어요.

사람들은 많이 가지면 가질수록 강해질 수 있다고 생각해요.
그래서 자꾸자꾸 더 많은 걸 원하지요.

➕ 더 많은 돈

➕ 더 많은 친구

➕ 더 예뻐지기

➕ 더 큰 집

➕ 더 똑똑해지기

➕ 더 큰 자동차

왜 자꾸 욕심이 나는 걸까?

+ 더 유명해지기

+ 더 멋진 사람이 되기

+ 더 많은 땅

+ 더 큰 행운

그리고······.

+ 더 많은 딱지

+ 더 많은 스티커

+ 더, 더 많은······

친구보다 무조건 더 많이 갖고 싶을 때가 있어요.
누가 더 많이 가졌나 내기를 하는 것처럼 말이에요.
더 많이 가지면 더 강한 사람이라고 생각하는 거지요.

많이 가지면 가질수록 행복할까요?

많이 가지면 가질수록 행복해진다면 아무도 행복할 수 없어요.
지금 내가 가지고 있는 것에 만족하지 못할 테니까요.

항상 착하고 친절해야 할까?

착하게 굴어라!

좀 더 친절할 수 없니?

잘했어. 정말 착하구나!

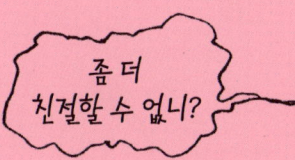
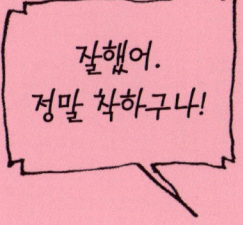

왜 착한 행동을 할까요?

아무 이유 없이 착하게 행동할 때도 있고,
일부러 착하게 행동할 때도 있어요.

스스로 착하다고 느끼고 싶어 착하게 행동할 때가 있어요.

다른 사람에게 관심을 받고 싶어 착한 행동을 하기도 해요.

원하는 걸 얻기 위해 일부러 착하게 행동해요.

칭찬을 받으려고 착하게 행동해요.

어쩔 수 없이 착하게 행동해야 할 때가 있어요.

예절을 지키는 것도 착한 행동이에요.

착하게 행동하면 사람들이 날 좋아할 거라고 생각해요.

싫다는 말을 못해서 착한 아이가 될 때도 있어요.

항상 착하고 친절해야 할까?

항상 친절할 수 있을까요?

여럿이 함께 살려면 친절한 게 좋아요.
하지만 항상 그럴 수 있을까요?
또, 누구에게나 친절할 수 있을까요?

친절하게 행동하는 것이 항상 좋을까요?

나쁜 짓을 하는 사람에게도 친절해야 할까요?

항상 웃어야 할까?

난 재미없는데…….

이럴 때 웃어도 될까요?

항상 웃어야 할까?

너무 슬퍼 눈물이 날 때가 있어요.

상처를 주거나 받을 때도 있어요.

야! 초록 인간!

뭐야, 인종 차별 하는 거야?

괴롭힘을 당하면 화가 나요.

하하!

그래도 웃어 봐.
사랑하는 사람의 죽음을 지켜봐야 할 때가 있어. 하지만 이럴 때도 웃음이 필요해. 웃음은 슬픈 마음이 더 커지지 않게 도와줘.

항상 웃어야 할까?

그래도 웃어 봐.
일부러 상처를 주려고 한 말이 아니라면, 언제든 어떤 것에 대해서든 웃을 수 있어.

그래도 웃어 봐.
생각지도 않은 재미있는 상황이 벌어질 수도 있어. 마음을 편하게 먹고 말이야.

세상에 웃음이 없다면 어떨까요?

웃음이 없는 세상을 상상해 보세요.
어떤 모습일까요?

> 거울아, 거울아!
> 세상에서 누가 가장 예쁘니?

어떻게 생긴 게 예쁜 걸까?

> 세상에서 가장 예쁜 사람이야!

> 내가 보기에는 별로인걸?

사람마다 예쁘다고 생각하는 기준이 달라요.

17세기에는 루벤스의 그림 속 여자처럼 통통하게 살찐 여자를 예쁘다고 했어요.

나라마다 가장 예쁜 여자의 모습이 달라요.

얼굴을 까맣게 칠한 모습이 예쁘다고 생각하는 사람도 있어요.

너무 풍풍해! 살을 빼야겠는걸?

정말 예쁜걸!

몇 달 동안 세수를 안 한 거 같아!

루이 14세는 가발을 쓰고, 스타킹을 신고, 레이스가 많이 달린 옷을 입었어요. 그런 모습이 멋지다고 생각했어요.

요즘은 사진 속 남자처럼 생긴 남자를 잘생겼다고 해요.

일본에서는 많은 여자들이 스모 선수들을 멋지다고 생각해요.

난 절대 저렇게 입지 않을 거야!

아, 텔레비전에서 본 적 있어!

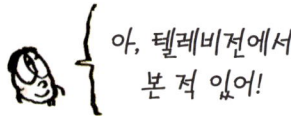

저 사람이 모델을 하려면, 살을 좀 빼야 할걸?

예쁘다는 기준은 나라와 시대, 유행에 따라 달라져요.
어떤 나라에서 가장 예쁜 사람이 다른 나라에서는 그러지 않을 수 있어요.

겉모습이 전부는 아니에요.

우리가 마음으로 느끼는 것은 얼굴에도 그대로 나타나요.

누군가를 사랑하면 그 사람이 예뻐 보여요.

우리의 말과 행동이 우리를 예쁘게 만들어 주기도 해요.

어떻게 하면 예뻐 보일까요?

내 사진을 여기에 붙여 보자.

예쁘다고 생각하면 정말 예뻐질 수 있어!

누가 나에게 잘생겼다고 하면 좋아서 얼굴이 빨개져!

나는 모두 예뻐 보여!

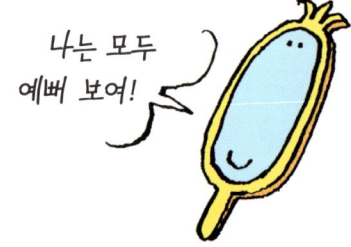

사실인지 아닌지 어떻게 알까?

사실인지 아닌지 가려내기 위해서
깊게 생각하거나 확실한 증거가 필요할 때가 있어요.

사실인지 아닌지
잘못 알 수도 있을까요?

사실인지 아닌지를 정확하게 알아내기는 힘들어요.
생각하면 할수록 점점 헷갈릴 수도 있어요.

배신자! 진짜 친구라고 믿었는데!

어렸을 때는 산타클로스가 정말 있는 줄 알았는데!

다 틀린 줄 알았는데!

옛날 사람들은 지구가 네모나다고 생각했지!

죄송하지만 이건 위조지폐예요.
정말요?

항상 진실을 알아낼 수 있을까?

114

규칙은 누가 정할까?

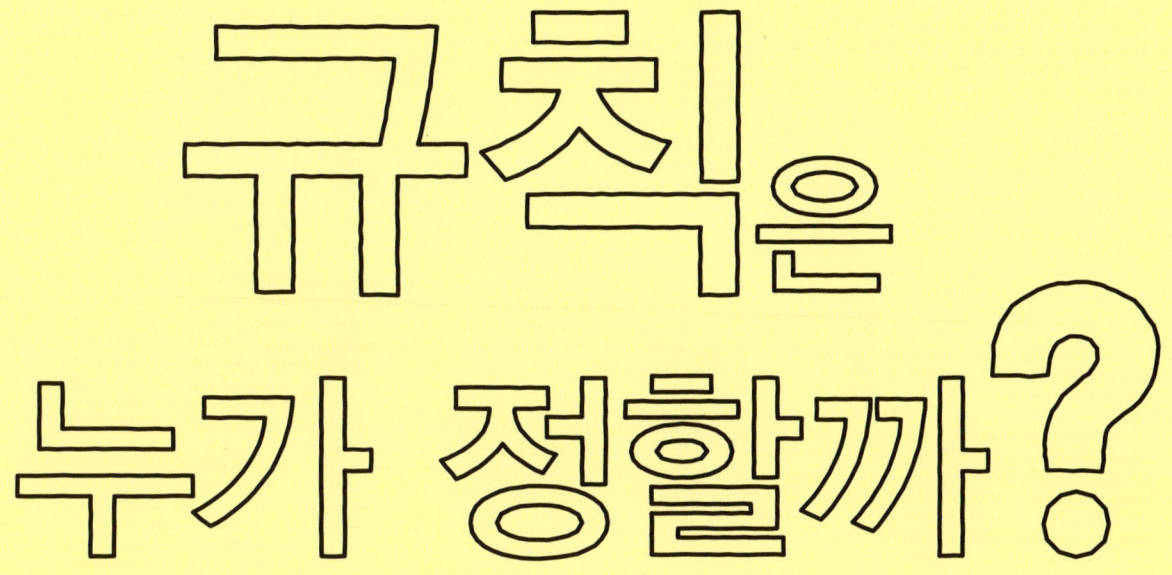

제자리에 갖다 놔!
몰래 훔치는 건
나쁜 일이야!

하지만 난
장난감이
좋다고요!

우리가 지켜야 할 규칙들이 있어요.

어떤 것은 해도 되고, 어떤 것은 하면 안 돼요.
누가 이런 규칙을 만들었을까요?

규칙은 누가 정할까?

🟡 법

우리는 국민들을 대표하는 사람을 뽑아요.
그 사람을 '국회의원'이라고 해요.
국회의원은 해도 되고, 하면 안 되는 일을
결정하는 여러 가지 법을 만들어요.

🟡 종교

종교마다 그 종교를 믿는
사람들에게 가르침을 주는 책이 있어요.
종교인들은 그 책에 나온
규칙을 따르지요.

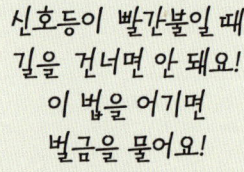

사람을 죽이지 마라.

사람을 죽이지 마라.

사람을 죽이지 마라.

도덕

오래전부터 많은 철학자들은 사람들이 해야 하는 일과
하면 안 되는 일에 대해 생각해 왔어요.
이런 철학자들의 생각이 규칙을 만드는 기준이 되기도 해요.

규칙은 누가 정할까?

바늘 도둑이 소 도둑이 될 수 있는 법!

규칙은 시대와 나라, 그리고 종교에 따라 달라질 수 있어. 모두가 똑같은 규칙을 갖고 있는 건 아니란다.

잘못을 인정하면 반은 용서받은 것이다.

규칙을 반드시 지켜야 할까요?

이 물음에 확실하게 알고 대답할 수 있는 사람은 아무도 없어요.
하지만 여러 사람이 함께 살려면 규칙을 지켜야 해요.

규칙은 누가 정할까?

사람들은 자신이 하고 싶은 일을
할 수 있는 자유가 있어요.
하지만 법과 규칙도 지켜야 하지요.
또, 옳지 못한 규칙이 있다면
바꾸도록 노력해야 한답니다.

실수를 하면 정말 큰일 날까?

뭔가 실수를 했나 보군…….

실수를 하면 나쁜 일이 생길 수도 있어요.

다른 사람들 앞에서 실수를 하면
내 자신이 바보처럼 느껴져요.
또, 기분도 나빠지지요.

사람들이 내가 한 실수를 보고
실망하게 될까 봐 두려울 때가 있어요.

실수를 하면 벌을 받을 수도 있어요.

실수 때문에 하고 싶은 일을
못할 수 있어요.

나도 모르게 한 실수 때문에
아주 위험한 일이 일어날 수도 있어요.

실수가 꼭 나쁜 것만은 아니에요.

실수를 하지 않는 사람은 없어요.

어떤 실수는 다시 고칠 수 있어요.

여러 번의 실수를 통해 잘하게 될 수 있어요.

실수를 한 뒤에 새로운 걸 발견하기도 해요.

어떤 사람에게 실수로 보이는 것이 다른 사람에게는 그렇지 않을 수도 있어요.

실수를 두려워해야 할까요?

나랑 닮은 철학자는 누구일까?

자, 시작해 볼까요?

🟢 예
🔴 아니요

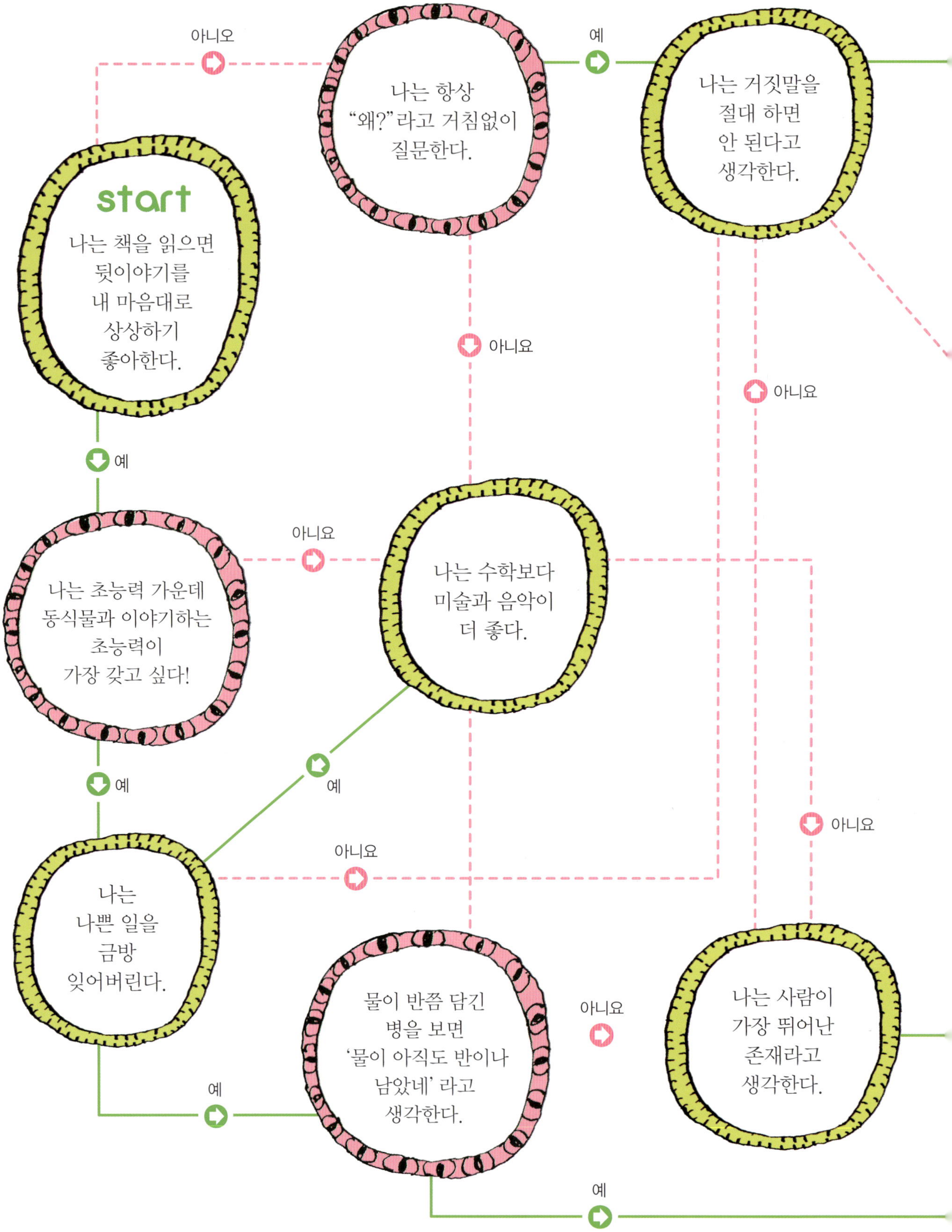

start
나는 책을 읽으면 뒷이야기를 내 마음대로 상상하기 좋아한다.

나는 항상 "왜?"라고 거침없이 질문한다.

나는 거짓말을 절대 하면 안 된다고 생각한다.

나는 초능력 가운데 동식물과 이야기하는 초능력이 가장 갖고 싶다!

나는 수학보다 미술과 음악이 더 좋다.

나는 나쁜 일을 금방 잊어버린다.

물이 반쯤 담긴 병을 보면 '물이 아직도 반이나 남았네' 라고 생각한다.

나는 사람이 가장 뛰어난 존재라고 생각한다.

예 →

↑ 예

내 사전에
지각과 결석은
없다!

↓ 아니요

아니요

↑ 예

나는 다른 사람에게
무엇을
가르쳐 주는 일이
즐겁다.

↓ 아니요

예 →

바른 생활 철학자 **칸트**

"나는 할 수 있다.
왜냐하면 해야 하기 때문이다."

약속이나 규칙을 어겨 본 적 없는 당신! 어떤 일을 할 때는 반드시 계획을 세워 차근차근 해 나가며, 해야 할 일을 미루는 일 따위는 없다. 또한 거짓말이라도 할라치면 혓바닥에 가시가 오소소 돋아 버리는 당신은 그야말로 바른 생활 철학자!

예의 바른 철학자 **공자**

"네 자신이 싫어하는 일을
남에게 요구하지 마라."

예의와 배려를 빼고는 당신을 말할 수 없다! 다른 사람의 마음을 내 마음처럼 헤아리는 당신. 웃어른들에게는 예쁨을, 친구들에게는 부러움을, 동생들에게는 선망을 한 몸에 받는다. 앞으로도 그 마음 변치 않고 그대로 쭉 간직하기를!

고집 있는 철학자 **데카르트**

"나는 생각한다, 고로 존재한다."

궁금증이 풀리지 않으면 며칠 잠을 못 잘 만큼 호기심이 많아 "왜?"라는 질문하기를 좋아하는 당신. 놀 때는 확실히 놀지만 공부할 때는 확실히 공부하고, 스스로 이해되지 않는 부분이 있으면 끝까지 매달려 해결하고야 마는 당신은 고집 있는 철학자!

긍정적인 철학자 **스피노자**

"내일 지구가 멸망하더라도 오늘
한 그루의 사과나무를 심겠다."

언제나 희망을 놓지 않는 긍정의 마인드! 힘들고 어려운 상황에서도 지레 겁먹고 포기하기보다는 극복해 나갈 일을 먼저 생각한다. 다소 엉뚱한 면이 있어 이따금씩 동식물과 대화를 시도해 보기도 하고, 외계인과 교신하는 날을 기다리기도 한다. 나쁜 일보다 좋은 일을 생각하고, 오늘보다 더 나은 내일을 믿는 당신! 긍정의 마인드가 있는 한 희망은 당신의 편!